Rumi

DURCHWACHTE NACHT

Gedichte zusammengestellt und übersetzt von
Christoph Engen, nach den amerikanischen
Versionen von Coleman Barks

Arbor Verlag
Freiburg im Breisgau

© 2013 Arbor Verlag GmbH, Freiburg
Mit freundlicher Erlaubnis von Coleman Barks

Alle Rechte vorbehalten

Texte aus:
„We are three", Maypop Books
„The Essential Rumi", „The Soul of Rumi", Harper San
Francisco

Gedichte zusammengestellt und übersetzt von Christoph
Engen, nach den amerikanischen Versionen von Coleman
Barks

1. Auflage 2013

Lektorat: Richard Reschika
Druck und Bindung: Kösel, Krugzell
Hergestellt von mediengenossen.de

Dieses Buch wurde auf 100 % Altpapier gedruckt und ist
alterungsbeständig.
Weitere Informationen über unser Umweltengagement
finden Sie unter www.arbor-verlag.de/umwelt.

www.arbor-verlag.de

ISBN 978-3-86781-097-5

INHALT

VON DEN FRÜCHTEN EINER
DURCHWACHTEN NACHT

Wenn man den Quellen folgt, dürfte Mevlana Dschelaluddin Rumi (1207–1273) zusammen mit seinem spirituellen Lehrer und Herzensfreund Shams von Täbriz oftmals Nächte durchwacht haben. Dieses Buch handelt von den Schätzen, die sich in einer solchen Nacht bergen lassen, von den vielen Früchten, die man während und nach einer solchen durchwachten Nacht ernten kann.

„Wie bin ich erfüllt von Dir!
Haut, Blut, Knochen, Gehirn und Seele!
Da ist kein Platz für Misstrauen.
Und auch kein Platz für Vertrauen.
Nichts in diesem Leben als jenes Leben!"

Aus: „Die Musik, die wir sind" – Wir Drei; Arbor Verlag

In seinen Gedichten lässt uns Rumi teilhaben an seiner tiefen Freude und Dankbarkeit darüber, dass es in Wahrheit nur Gottes Bedingungslose Liebe GIBT. Und dass wir alle selbst diese Bedingungslose Liebe in unserem Innersten sind. Diese große, umfassende Liebe strömt über jede Begrenzung hinweg und dehnt sich zu allem und jedem hin aus. Sie ist eben nicht den Gesetzen der Welt unterworfen, die immer polar sind und nur wenig Raum für ein paar Vergnügungen übrig lassen. Die Freude der wirklichen Liebe kann gar nicht anders, als über jede Begrenzung hinwegzuströmen, über jede scheinbare Trennung, über jede scheinbare Krankheit, über jeden scheinbaren Tod. Dies mit Haut und Haar zu erleben war Rumis Ziel.

Über Rumi hatte ich erstmals in Reshad Feilds Buch „Ich ging den Weg des Derwisch" gelesen. Und erst jetzt, bei der Fertigstellung von „Durchwachte Nacht", setzt sich in meinem Geist zusammen, wie enorm viel ich den beiden mittelalterlichen Sufi-Mystikern Mevlana Dschelaluddin Rumi und seinem Lehrer und Herzensfreund Shams von Täbriz verdanke. Ebenso wie der Tatsache, dass ich die amerikanischen Rumi-Versionen von Coleman Barks ins Deutsche übersetzen darf.

Dass die Gedichte hier Neuübersetzungen moderner nordamerikanischer Versionen sind, tut Rumi hoffentlich keinen Abbruch. Eine Übersetzung ist immer auch eine von mehreren möglichen Interpretationen. Dies gilt umso mehr, als es sich hier um eine Übersetzung aus einer Übersetzung ins Englische handelt. Meine Hoffnung ist dennoch, dass der Geist Rumis auch in dieser Übertragung spürbar ist und das Leben vieler Menschen berühren kann.

Christoph Engen, 26. November 2012

SHAMS VON TÄBRIZ ÜBER DAS HERZ

Das Herz ist herrlicher, weiter, feiner und strahlender als der Himmel und als die kreisenden Sphären. Warum zurrst du es also zusammen mit deinen Gedanken und deinen flüsternden Zweifeln? Welchen Grund hast du, aus der freundlichen Welt ein enges Gefängnis zu machen? Wie kannst du diesen Welt-Garten nur zum Gefängnis machen? Wie eine Raupe webst du ein Netz aus Gedanken, flüsternden Zweifeln und verantwortungslosen Ideen rund um dein Ego herum. Dann wirst du zu seinem Gefangenen und erstickst.

Was mich betrifft, ich habe einen Garten aus diesem Gefängnis gemacht. Wenn also schon mein Gefängnis ein Garten ist, rate mal, wie herrlich mein wirklicher Garten ist!

Shams von Täbriz war der gottverwirklichte spirituelle Lehrer und Herzensfreund Rumis.

BEGLEITWORTE VON RESHAD FEILD

„Manchmal, anfangs wie unbemerkt, kommt jemand in unser Leben mit Worten, die unsere Egos zertrümmern und vorwärts bersten mitten in unsere Herzen, so wie Sommerregen nach einem langen Winter."

„Rumi und seine schönen, mystischen Gedichte und Worte öffneten vor fast fünfzig Jahren eine Tür zu meinem innersten Herzen und seine Lieder der Liebe sind seit diesem ersten Tag immer bei mir geblieben."

Reshad Feild, 24. September 2012

Reshad Feild ist Autor der spirituellen Bücher „Ich ging den Weg des Derwisch", „Das Siegel des Derwisch", „Das atmende Leben", „Die Alchemie des Herzens" und vieler anderer.

EMPFEHLUNG VON KABIR HELMINSKI

Lieber Christoph,
danke für Deine Übersetzungen – eine feine
Auswahl.
Ich wünsche Dir alles Gute mit diesem Buch.
Es verdient es, die Herzen der Freunde Gottes in
Deutschland zu berühren.

Kabir Helminski, 26. Oktober 2012

Kabir Helminski ist Co-Direktor der Threshold Society
und Autor zahlreicher Bücher über Rumi und Sufismus.

DURCHWACHTE NACHT

Geh eine Nacht lang nicht schlafen.
Was du am meisten ersehnst,
wird dann zu dir kommen.
Durch eine innere Sonne erwärmt,
wirst du Wunder sehen.

Leg deinen Kopf heute Nacht nicht hin.
Sei entschieden. Stärke wird kommen.
Was die Anbetung liebt, erscheint in der Nacht.
Wer schläft, dem kann das entgehen.

Moses blieb eine Nacht lang wach
und sah in einem Baum ein Licht.
Dann wanderte er nachts zehn Jahre lang,
bis er schließlich den ganzen Baum leuchten sah.
Mohammed ritt auf seinem Pferd
durch den nächtlichen Himmel.

Der Tag ist zum Arbeiten da.
Die Nacht für die Liebe.
Lass dich von keinem verhexen.
Manche schlafen nachts.
Nicht so Liebende.

Sie sitzen im Dunklen und reden zu Gott,
der schon zu David sagte:
Wer jede Nacht die ganze Nacht schläft
und sagt, er ist mit uns verbunden, lügt.

Liebende können nicht schlafen,
wenn sie des Geliebten Vertrautheit
rundherum um sich spüren.

Jemand, der durstig ist, mag kurz schlafen,
doch er oder sie wird von Wasser träumen,
von einem vollen Krug neben dem Bach
oder von spirituellem Wasser,
das ihm jemand gibt.
Hör dem Gespräch zu – die ganze Nacht.

Bleib auf. Dieser Moment ist alles, was ist.
Der Tod wird ihn früh genug nehmen.
Du wirst verschwunden sein,
und diese Erde wird ohne eins ihrer Herzen
zurückgelassen,
nichts als Unkraut, das in Dornen wächst.

Ich bin fertig. Lies den Rest dieses Gedichtes
im Dunklen heut Nacht.

Habe ich einen Kopf? Und Füße?
Shams, du, den die Leute aus Täbriz so lieben,
ich schließe die Lippen
und warte darauf, dass du kommst
und sie öffnest.

DER QUELL

Ein Christ geht zu seinem Priester
und beichtet ihm
ein ganzes Jahr voller Sünden, Unzucht,
Boshaftigkeit, Heuchelei.

Er sucht nach Vergebung
und empfindet die Absolutionen des Priesters
wie reine Gnade.

Der Priester selbst mag diese Gnade
gar nicht erfahren,
sie entsteht allein durch die Vorstellungskraft
dieses Christen.

Liebe und Vorstellungskraft können vieles tun.
Sie zaubern sogar die Gestalt
deines Lieblings hervor.

So dass du ihn ansprechen kannst:
„Liebst du mich?"
„Ja! Ja!"

Am frischen Grab ihres Sohnes sagt eine Mutter
Dinge wie nie, als ihr Kind noch lebendig war.

Selbst der Boden hier leuchtet vor Intelligenz.
Sie legt ihr Gesicht auf die blanke Erde
und liebt wie noch nie.

Tage und Wochen vergehen.
Der Schmerz um den Toten lässt nach.
Bald ist an der Grabstätte nur noch Vergessen.

Nimm nur die Liebe als deinen Lehrer an,
nicht jemanden mit einem weißen Bart.

Im Zustand von *Fana** sagt diese formlose Liebe:
Ich bin der Quell von nüchterner Klarheit
und zugleich von ekstatischer Trunkenheit.

Du hast meine Spiegelung
in den Formen so sehr geliebt,
erfahre mich jetzt direkt!

* *Fana* ist der Vorgang der Auflösung von Illusionen.

Wenn sich ein Christ nach nichts
als Vergebung sehnt,
löst sich der Priester in dieser Sehnsucht auf.

Wasser fließt aus dem Boden hervor
über einen Stein.
Der Stein verschwindet darin.

Es ist pure Essenz, die da überströmt, *der Quell.*
Diese Körperformen von uns sind wie Becher.

Kostbar an ihnen ist nur, was sie durchströmt,
um Nahrung zu sein.

Dann werden sie wieder gereinigt.
Für neue Aufgaben.

EIN FRIEDLICHES GESICHT

Ein friedliches Gesicht
verzerrt ein giftiger Nagel des Denkens.
Der goldene Spaten versinkt im Dreck.

Nimm an, du lockerst einen Gedankenknoten:
Der Sack ist leer.
Beim Versuch, Probleme zu lösen,
bist du alt geworden.
Doch löse ruhig noch ein paar Knoten.

Zum Beispiel die Frage, die dir im Hals steckt,
ob du mit dem Namenlosen
auch im Einklang bist.
Versuch's und beantworte das einmal.

Du vergleichst Zufälliges und Substanz.
Du verschwendest dein Leben,
indem du Subjekt und Verb zusammen zwingst.
Du verbreitest Gerüchte.

Du studierst Fälschungen und glaubst,
ihren Macher zu kennen.
Wie stolz du auf Schlussfolgerungen bist!

Ein Denker sammelt Beweise
und knüpft sie zusammen.
Ein Mystiker tut das Gegenteil.
Er legt seinen Kopf an die Brust eines Menschen
und sinkt in die Antwort hinein.

Denken bringt Rauch hervor
und weist auf Feuer hin.
Der Mystiker sitzt in der Glut.

Phantasie liebt es, Formen im Rauch zu sehen.
Doch was für ein Fehler,
das Feuer für dieses Grau zu verlassen!

ICH GING ZUM ARZT

Ich ging zum Arzt.
„Ich fühle mich verloren. Blind vor Liebe.
Was soll ich tun?"

Hör auf, Dinge zu besitzen und jemand zu sein.
Gib auf, zu existieren.

STÄNDIGES GESPRÄCH

Wer ist am glücklichsten
in diesem ganzen Orchester?
Das Schilfrohr.
Sein Mund berührt deine Lippen,
um Musik zu erlernen.
Jedes Schilfrohr denkt
an nichts als an diese Gelegenheit.
Vor allem das Zuckerrohr.
Alle schwingen im Schilfbeet.
Ganz frei in der Art, wie sie tanzen.

Ohne dich würden die Instrumente vergehen.
Eines ruht nahe neben dir.
Ein anderes küsst dich lang.
Das Tamburin fleht: *„Berühr meine Haut,
damit ich Ich sein kann!*
Lass mich spüren, wie du jedes Glied,
Knochen für Knochen, durchdringst!
Damit alles, was letzte Nacht starb,
heute ganz sein kann.

Warum irgendwie nüchtern leben
und langsam verebben?
Das mache ich nicht!
Entweder gib mir ausreichend Wein
oder lass mich allein.
Jetzt, da ich weiß, wie es ist,
ständig mit dir im Gespräch zu sein."

DER WEG, DER SICH BEWEGT WIE DU

Ein Kommentar zu dem Vers
Wenn du den Weg beginnst, taucht er auf.
Wenn du aufhörst zu sein, kommt Wirklichsein.

Suleika verriegelte jede Tür,
aber Joseph hörte nicht auf, dran zu rütteln.
Er hatte Vertrauen,
hörte nicht auf mit dem Vor und Zurück
und entkam.

So geht der Weg,
auf dem du in dein raumloses Heim
schlüpfen kannst.

Oder erinnere deine Geburt.
Weißt du noch, wie die war?
Nein? Auf demselben Weg gehst du auch wieder.

Du träumst, du wanderst durch Landschaften.
Wie kamst du dorthin?
Schließ deine Augen und gib dich hin.
Finde dich wieder in Gottes Stadt ...

Aber du willst ja noch immer bewundert werden!
Du liebst es, wie Kunden dich ansehen.
Du hältst den Vorsitz.
Wenn du die Augen schließt,
siehst du Leute dir applaudieren.
So sicher wie eine Eule Wald sieht,
sobald sie die Augen schließt.
Du lebst in einer Bewunderungs-Welt,
doch was bietest du deinen Bewunderern an?
Hättest du wirkliche Geistes-Gaben zu geben,
dächtest du nicht an Kundschaft.

Einst lebte ein Mann, der sagte:
„Ich bin ein Prophet,
einer, der die Wahrheit spricht.
Mehr noch: Ich bin die Essenz aller Weissagungen
durch die Zeiten hindurch."

Die Leute umzingeln ihn, fesseln ihn
und bringen ihn vor den König.
„Mit welchem Recht
darf dieser Mann hier behaupten,
dass er im Zustand von Offenbarungen lebt?"

Der Mann antwortet selbst: „Erinnert euch,
wie ein Säugling schläft
und dann unbewusst zu Bewusstsein kommt.
Propheten sind anders. Sie bewegen sich *wach*
von der Quelle
hin zu diesem Auf und Ab der fünf Sinne,
zu diesem Links-Rechts, Rechts-Links,
diesem Vor und Zurück."

„Richtet ihn hin!", schreien sie.

Doch der König sieht, wie zerbrechlich
und dünn dieser Mann ist.
Und dass er freundlich spricht.
Sein ganzes Wesen ist Freundlichkeit.
Der König zerstreut die Menge,
heißt den Mann, Platz nehmen,
und fragt, wo er lebt.

„Mein Zuhause ist Gottes Frieden.
Doch ich kam hierher,
an diesen Urteils-Platz, wo mich keiner kennt.
Ich fühle mich wie ein Fisch auf dem Sand."

Der König versucht,
ihn aus seinem Zustand heraus zu witzeln:

„Aber warum hast du *heute*
solche Dinge behauptet?
Hast du etwas eingenommen?"

„Aber nein. Ich schmecke eben
den Honig von Gott!
Doch was bedeutet das diesen Leuten?
Sie sind wie aus Stein.
Sie verspotten mich bloß und äffen mich nach.
Wenn ich Nachrichten über Geld brächte
oder Liebesbriefe,
dann wäre ich willkommen.
Aber nicht wenn ich Wahrheiten spreche.
Es ist wie bei einer blutigen Binde
auf einem Eselsrücken:
Wer sie entfernt wird weggetreten,
egal, wie hilfreich er ist!
Niemand hier will wirklich Heilung.
Zeig mir doch einen, der will, was ich habe."

Der König wird neugieriger auf den Mann.
„Was habt denn ihr Boten *genau* zu geben?"

„Was hätten wir nicht?!
Aber einen Moment lang angenommen,
meine Inspiration käme nicht von Gott,

trotzdem würdest du sicher zustimmen,
dass mein Reden nicht weniger wert ist
als die Arbeit von Bienen.
Sagt aber nicht der Koran:
Gott hat die Biene mit Inspiration gesegnet?
Und das Universum hier ist voller Honig!
Die Menschen nähren sich davon
und steigen aufwärts.
Ganz ähnlich wie bei der Bienen-Inspiration,
bloß feiner."

So verteidigt der Mann seinen Fall.

Du hast von der Quelle der Inspirationen gehört.
Trink aus ihr!
Begleite die,
deren Lippen feucht sind von diesem Wasser.
Andere, sogar deine Eltern, können Feinde sein.
Geh, bevor sie dich töten!

Der pfadlose Pfad tut sich auf,
sobald du aufrichtig sagst:
Es gibt keine Wirklichkeit außer Gott.
Es gibt nur Gott.

DIE STRASSE NACH HAUS

Eine Ameise hetzt mit einem Weizenkorn
über den Dreschboden,
zwischen riesigen Stapeln Getreide hindurch,
der Fülle überall unbewusst.

Sie glaubt, ihr eines Weizenkorn sei alles,
was es an Liebe gibt.
Genauso wählen wir uns ein winziges Samenkorn,
um uns ihm hinzugeben.

Diesen Körper, diesen Weg, diesen Lehrer.
Sieh weiter und tiefer!

Die Essenz *jedes* menschlichen Wesens kann *sehen!*
Und was das Essenz-Auge aufnimmt,
das wird dieses Wesen auch:
Saturn. Salomon!

Das ganze Meer strömt einen Krug hindurch.
Du könntest auch sagen, das ganze Meer
schwimmt *innen* im Fisch!

Dieses Rätsel kann deiner Sehnsucht
Frieden bringen
und die Straße nach Haus zum zu Hause machen.

DER WUNDERMARKT

Kennst du noch einen Markt wie diesen?

Wo du mit einer Rose
Hunderte von Rosengärten erwerben kannst?

Wo du für ein Samenkorn
einen ganzen Wald bekommst?

Für einen schwachen Atemzug
den ganzen Geist Gottes?

Wie hattest du Angst davor,
von der Erde begraben
und von der Luft fortgeblasen zu werden?!

Jetzt lässt du los wie ein Wassertropfen,
der in den Ozean fällt,
aus dem er kam.

Der Tropfen hat jetzt eine andere Form,
ist aber immer noch Wasser.
Die Essenz ist gleich.

Dieses Aufgeben hat nichts mit Buße zu tun,
vielmehr mit tiefer Selbstachtung.

Wenn der Ozean wie ein Schatz zu dir kommt,
heirate auf der Stelle!
Rasch, um Gottes willen!

Verzögere nichts!
Es gibt nichts im Leben, was besser wäre.

Und wie sehr du auch suchst,
finden wirst du das nie.

Ein vollkommener Falke
ist grundlos auf deiner Schulter gelandet
und dein geworden!

EIN FUSSBODEN LEUCHTET AUF

Es gibt einen Seelenquell,
der jedes Gewahrsein vertieft,
einen Freund, der dem Tod Frieden
und heilende Stille bringt.

Ich arbeite für jene Freundlichkeit,
die den Stein genauso berührt wie die Perle,
die den prächtigen Pfau und den Straßen-Raben
als Gleiche sieht.

Form löst sich auf,
aber Weisheit bleibt.

Im Lehm deines Körpers mischen sich
deine Seele und deine Liebhabereien,
doch ihre Freuden sind voneinander getrennt.

Shams tritt in den Raum
und bringt Segnungen mit –

ein Fußboden leuchtet auf
und ein Stern schmückt das Dach.

IN DER MINUTE

In der Minute,
als ich die erste Liebesgeschichte hörte,
fing ich auch schon Dich zu suchen an.
Unwissend, wie blind das war.

Liebende treffen sich nicht endlich irgendwo.
Liebende sind unentwegt ineinander.

JESUS AUF DEM DÜNNEN ESEL

Jesus auf dem dünnen Esel symbolisiert,
wie das Licht der Vernunft
die Tier-Seele kontrollieren sollte.

Erlaube, dass dein Geist
stark wie Jesus wird.

Wenn dein Geist schwach ist,
wird der magere Esel zum Riesendrachen.

Sei dankbar, wenn von einem Weisen
scheinbar Unfreundlichkeiten kommen.

Einst ritt ein Heiliger auf seinem Esel
und sah, wie einem Schlafenden
eine Schlange in den Mund hineinkroch!
Der Heilige stürmte los,
konnte es aber nicht mehr verhindern.
Also schlug er mit seinem Stock
auf den Schlafenden ein.

Entsetzt wachte der auf
und rannte zu einem Apfelbaum,
unter dem viele faulige Äpfel lagen.

„Iss! Du jämmerliches Wrack! Iss!“
„Warum tust du mir das an?“
„Iss weiter, du Narr!“
„Ich kenne dich gar nicht! Wer bist du?
Was hast du gegen mich?“

Der Weise zwang ihn nur weiter zu essen
und ließ nicht ab von ihm. Stundenlang.
Dabei peitschte er auf ihn ein
und scheuchte ihn herum.

Endlich, als die Nacht anbrach, fiel der Mann,
voll mit faulen Äpfeln,
erschöpft und blutend zu Boden.
Und erbrach alles. Das Gute und das Schlechte.
Die Äpfel und die Schlange.

Als er die Reste der hässlichen Schlange erblickte,
fiel er vor seinem Angreifer auf die Knie.
„Bist du der Engel Gabriel? Bist du Gott?
Gesegnet sei der Moment,
als du mich bemerkt hast!
Ich war tot und wusste es nicht.
Du hast mir neues Leben geschenkt!
Alles, was ich gesagt habe, war idiotisch!
Oh, ich wusste das nicht.“

„Wenn ich erklärt hätte, was ich tue,
wärst du vielleicht vor Panik gestorben.
Mohammed sagte einmal,
‚Wenn ich den Feind beschriebe,
der in den Menschen lebt,
dann wären sogar die Mutigsten ganz erstarrt.
Keiner würde mehr ausgehen
oder Arbeit verrichten.
Keiner würde mehr beten und fasten.
Und alle Macht, etwas zu ändern,
würden die Menschen fahren lassen.‘

Also blieb ich still, während ich auf dich einschlug.
Um das Unmögliche möglich zu machen.
Um wie David Eisen zu formen,
oder Federn in Vogelflügel zurück zu stecken.

Gottes Stille ist nötig.
Wegen des Kleinmuts der Menschheit.
Hätte ich dir ein Wort von der Schlange gesagt,
du hättest nichts essen können
und ohne Essen hättest du nicht erbrochen.

Ich sah, was los mit dir war, und trieb meinen Esel
mitten in das Geschehen hinein.
Dabei dachte ich ständig:

‚Gott, mach's ihm leicht!' Mir war nicht erlaubt,
dir etwas zu sagen. Und mir war nicht erlaubt,
aufzuhören, dich zu schlagen!"

Darauf der Geheilte, immer noch auf den Knien:
„Es gibt nichts, womit ich dir
für die Schnelligkeit deiner Weisheit
und die Kraft deiner Führung danken könnte …
Gott wird dir danken!"

LICHTHAUCH DES GEISTES

Bei Schmerzen – wie bei einer im Krieg
abgetrennten Hand –
betrachte den Körper als Kleidungsstück,
das du trägst.

Wenn du jemanden triffst, den du liebst,
küsst du dann etwa seine Bekleidung?

Suche nach dem, der innen ist.
Sich mit Gott vereinen ist süßer als Körpergenüsse.

Wir haben noch andere Hände und Füße!
Manchmal sehen wir die auch im Traum.

Das ist keine Illusion,
sondern wirkliches Sehen!

Du hast sehr wohl einen geistigen Körper.
Hab also keine Angst, den physischen zu verlassen.

Manchmal fühlt das jemand so stark,
dass er oder sie vollkommen entspannt
in der Bergeinsamkeit leben kann.

All die aufgeregten, heroischen Taten
von Männern und Frauen
wirken erschöpft und vergeblich auf Derwische,

die den Lichthauch des Geistes genießen.

LASS DICH TRAGEN!

Mohammed sagte einmal,
niemand blickt zurück und
bedauert es, diese Welt zu verlassen.

Was wir bedauern ist nur,
für wie echt wir sie hielten,
wie sehr wir uns über Phänomene sorgten
und wie wenig uns klar wurde,
was es ist, das sich durch die Formen
hindurchbewegt.

„Wieso hab ich nur mein Leben lang
den Tod verleugnet,
der doch der Schlüssel zur Wahrheit ist?!"

Wenn du ein solches Klagen vernimmst,
sag dir – nicht laut, sondern innerlich:

„Was dich damals bewegte,
bewegt dich noch immer.
Es ist die gleiche Kraft.

Nur dass du jetzt wirklich verstehst,
dass du in Wahrheit kein Körper bist.

Du bist nicht
Gewebe, Knochen, Gehirn und Muskeln.
Entspanne dich in diese klare Erkenntnis hinein.

Anstatt auf die sechs Fuß Straße
hinunter zu schauen,
die direkt vor dir liegen, blick aufwärts!

Sieh beide Welten! Sieh das Antlitz des Königs!
Sieh den Ozean, der dich gestaltet und trägt!

Du hast schon Beschreibungen
von diesem Meer gehört,
lass dich jetzt tragen, vertraue,
genieß die Bewegung!"

LIEBEN OHNE OBJEKT

Es gibt einen Weg, zu lieben, ohne an dem,
was geliebt wird, zu hängen.
Schau, wie sich das Wasser zum Erdreich verhält.

Immer strebt es zum Ozean, auch wenn
das Erdreich ständig versucht,
es zu halten und nicht mehr loszulassen.

So geht es auch uns. Mit Wein, schönem Essen,
Wohlstand und Macht
oder nur einem Stückchen trockenem Brot:

Wir wollen und werden betrunken vor Wollen,
und hinterher Kopfweh und Bitterkeit.

Die ist der Beweis, dass du festgehalten hast
und fixiert warst.

Und jetzt lehnst du stolz jede Hilfe ab:
„Mein Lieben ist rein geblieben. Ich bin und
bleibe doch eins mit Gott.

Ich brauche keinen, der mir den Weg
in die Freiheit zeigt."
Dies ist nicht der Fall.
Lieben *ohne* Objekt ist wirkliche Liebe.
Alles andere sind Schatten ohne Substanz.

Kennst du jemanden, der in
seinen eigenen Schatten verliebt war?
Eben das haben wir getan.

Lass also dies ‚Teilweise Lieben' weg
und finde die Liebe, die ganz ist!

Wo ist denn jemand, der das nur kann?
Wie rar sind Herzen, die Segen spenden
und alles damit überschwemmen.

Öffne dein Bettelkleid
und nimm ihre Großzügigkeit an!

Alles andere wird nur dein Kleid zerschlitzen
wie scharfer Stein
und deine Aufrichtigkeit in Fetzen reißen.

Bewahre dich unversehrt! Nütze die Klarheit.
Nenn sie Vernunft oder Unterscheidung.

Du selbst hast Entscheidungsgewalt
über das, was empfangen,
und das, was gemieden werden soll!

DAS HERZ DER MÄNNLICHKEIT

Das Herz der Männlichkeit
stammt nicht vom Mannsein ab,
auch nicht von tröstender Freundlichkeit.

Deine alte Großmutter sagt:
„Vielleicht solltest du nicht zur Schule gehen.
Du siehst ein bisschen blass aus."

Renn weg, wenn du so etwas hörst.
Die strengen Klapse deines Vaters
sind besser für dich.

Deine Körperseele verlangt nach Befriedigung.
Dein strenger Vater will
spirituelle Klarheit für dich.

Er tadelt dich,
aber letztendlich führt er dich ins Freie hinaus.

Bete um einen strengen Lehrer,
der wird hören und handeln und in dir bleiben.

Einst haben wir um Trost gebetet.
Lehre uns, unser Sosein zu fürchten.

NICHT VERFÜHRT VOM ABENDLICHT

Was die Welt wertschätzt,
hat nichts mit der Wahrheit der Seele zu tun.

Du warst bloß an deinem Schatten interessiert.
Sieh stattdessen direkt die Sonne der Liebe.

Was wissen wir schon, wenn wir voneinander
nur raum-zeitliche Formen betrachten?

Einer, der nachts halbwach ist,
bildet sich Gefahren ein;

der Morgenstern geht auf,
der Horizont wird deutlich;
in einer Karawane freunden sich Leute an.

Nachtvögel halten den Tagesanbruch
für Finsternis,
weil sie die nur kennen.

Glücklich der Vogel,
den Abendlicht nicht verführt,
der in der Sonne fliegt, die wir Shams* nennen.

---

* Shams ist bei Rumi immer das Göttliche in Menschen-
gestalt, sein Lehrer-Freund Shams von Täbriz.

QUELLE DER FREUDE

Niemand weiß,
warum die Seele so glücklich erwacht.
Vielleicht hat ein Hauch Morgenluft
den Schleier von Gottes Gesicht geweht.

Tausend neue Monde erscheinen.
Vor Lachen blühen die Rosen auf!

Herzen werden perfekte Rubine.
Wie die aus Badachschan.

Körper verwandelt sich ganz in Geist.
In diesem Wind werden Blätter zu Zweigen.

Warum fällt Hingabe jetzt so leicht?
Sogar für die Hingegebenen?

Keine Antworten gibt es darauf.
Niemandem ist die Quelle der Freude bekannt.

Ein Dichter bläst in sein Flötenrohr,
und jede Haarspitze atmet Musik.

Auf Schmutzklumpen
kommt Shams vom Dach gesegelt.
Und wir fangen als Türsteher bei ihm an.

SPIEGEL UND GESICHT

Wir sind der Spiegel und das Gesicht darin.
In diesem Augenblick schmecken wir Ewigkeit.

Wir sind der Schmerz und die Heilung.

Wir sind das süße, erfrischende Wasser
und zugleich der gießende Krug.

KEINE FLAGGE

Früher wollte ich Käufer für meine Worte.
Jetzt hoffe ich, jemand kaufte mich von Worten frei.

Wie viele charmant tiefsinnige Bilder
hab ich gemacht,
Szenen mit Abraham und mit Azar, dessen Vater,
auch einem berühmten Motiv für Ikonen.

Wie müde bin ich von alledem.

Dann kam ein Bild *ohne* Form.
Und ich gab auf.

Such jetzt jemand anderen für den Laden hier.
Ich bin aus dem Bilder-Mach-Geschäft raus.

Endlich weiß ich,
was Freiheit vom Wahnsinn ist.

Willkürlich taucht ein Bild auf.
„Verschwinde!", brülle ich.
Das Bild löst sich auf.

Nur Liebe.
Die Flagge ist nirgendwo, als *in* dem Flaggenträger.
Und Wind. Keine Flagge.

STIRB, BEVOR DU STIRBST

Das Gesicht vom *Freund** ist die Sonne der Liebe.
Die Sonne am Himmel verschleiert das nur.

Den Tag und das tägliche Brot
soll man nicht um ihrer selbst willen schätzen.

Preise das große Herz *in* alle dem!
Und das liebende Sehnen in dir, das Teil davon ist.

Sei einer von Gottes Fischen,
denen das Meer alles gibt –
Essen, Schutz, Schlaf, Medizin.

Ein Liebender ist wie ein Baby an der Mutterbrust.
Es weiß nichts
von sichtbaren und unsichtbaren Welten.

Alles ist Milch, obwohl es das
in seiner Sprachlosigkeit nicht erklären kann.

* *Freund* ist für Rumi immer Gott oder ein gottverwirk-
lichter Mensch wie sein Lehrer-Freund Shams von Täbriz.

Hier ist das Rätsel, das den Verstand
in den Wahnsinn treibt:
Der Öffnende und was geöffnet wird, ist dasselbe.

Das Meer *innen* im Fisch trägt den Fisch voran,
nicht die Strömung.

Der Fluss der Zeit dehnt sich aus
und verschwindet im Meer
– mit dem Fisch zusammen.

Samen gehen auf und lösen sich auf in der Erde.
Nur dann entstehen neue Feigenbäume.

Darum musst du sterben, *bevor du stirbst*.

WIRRKOPF-WONNE

Es gibt eine Herrlichkeit,
die Tote wieder ins Leben atmet,
die Fremde zu Freunden macht.

Ruf nach dem Einen,
der Dornen in Blumen verwandelt,
der schmutzige Geister reinigt und klärt,
der ein zwei Tage altes Baby so weise macht,
wie keiner das jemals lernen kann.

„Welches Baby?", fragst du.
Da ist ein Lebensbrunnen,
ein leidenschaftliches Kreisen.

Ich finde dafür keine guten Worte,
ich bin so voller Wirrkopf-Wonne.
Hör trotzdem zu. Es muss gesagt werden:

Es gibt Augen, die in die Ewigkeit schauen,
eine Präsenz
jenseits der Macht und Magie von Schamanen.
Öffne dich dem.
Sink zu Boden. Gib dich ganz hin.

ZUFLUCHT

Ich sehe die Lampe, das Antlitz, das Auge,
einen Altar, an dem die Seele sich beugt,

Zuflucht und Fröhlichkeit. Mein Lieben sagt:
„Hier. Hier kann ich meine Persönlichkeit lassen.“

Mein Verstand stimmt zu! „Was könnte ich
einwenden, wenn eine Rose gebeugte Rücken

aufrichtet wie Zypressen?“
Solch eine Hingabe ändert alles.

Türken verstehen plötzlich Armenisch!
Körper legt Körpersein ab.
Seele gelangt ins Zentrum.

In der Bettelschale erscheinen Rubine.
Aber gib nicht an, wenn das geschieht.

Zieh dich zurück in die Stille. Bleib in der Wonne!
Und lass dir die Tasse bringen, die kommen wird.

Tu nichts Künstliches.
Üb diese Ruhe und diese neue Seligkeit.

JHU!!!

Ström in mir, Quelle der Quelle der Freude,
Lebensessenz,

Friedenswein, der sich in meiner Hand bewegt,
dann heraus und rundherum
… du kennst den Rest.

Wunde geht auf im Grund, vollkommener Schuss,
Flügelschatten.

Antlitz eines Malochers, immer noch zart,
Kerzenschein, ein komplett enthülltes Geheimnis.

Du bringst das Geschenk herein,
händigst uns jeden Augenblick aus.

Du bist der Wert, der jeden Besitz durchströmt,
die Locke Haar, das Zentrum des Menschseins.

Das Meer der Bedeutungen guckt überrascht,
wenn diese ausgelassene Gegenwart durchkommt!

Jhu!!!

FÜR FORMEN KEIN PLATZ

Wenn du nachts die Straße von deinem Zuhause
zum Friedhof hin überquerst,
wirst du hören, wie ich dir
vom offenen Grab aus zujubele.
Dann wirst du wissen,
dass wir immer zusammen waren.

Ich bin das reine Bewusstseins-Herz
deines Wesens.
Ebenso in Ekstase
wie in selbstvernichtender Müdigkeit.

Die Nacht, wenn du der Angst
vor Schlangenbissen entkommst,
und allem Ameisen-Ärgernis,
wirst du meine vertraute Stimme hören.

Du wirst sehen, wie die Kerze angemacht wird,
du wirst Räucherwerk riechen,
vom Geliebten in allen deinen Geliebten drin
ist das Wunder-Diner bereitet.

Dieser Herzens-Tumult ist mein Signal,
dass du in deiner Gruft entzündest.

Mach also kein Brimborium mit dem Leichentuch
und mit dem Staub von den Friedhofsstraßen.

Die werden aufgerissen und weggewaschen
von der Musik,
dass wir endlich zusammenkommen.

Und such mich nicht in menschlicher Form.
Ich bin innen in deinem Suchen.
Für Formen kein Platz
bei einer so gewaltigen Liebe.

Schlag die Trommel und lass die Dichter sprechen.
Dies ist der Tag der Läuterung für die,
die schon reif sind und wissen, was Liebe ist.

Unnötig, bis wir tot sind zu warten!
Hier gibt es mehr zu holen
als Geld, Berühmtheit und Bissen Gebratenes.

Gut, wie sollen wir jetzt
diese neue Art Schauhaus nennen,
das eben in unserer Stadt eröffnet hat,
wo die Menschen still sitzen
und ihr Schauen wie Licht verströmen,
wie Antwortgeben?

EPILOG

Auf Rumis Sarkophag steht geschrieben:

„Wenn ihr an mein Grab kommt,
klagt nicht über den Abschied!
Denn jenseits des Vorhanges gibt es nur
gnadenreiche, immerwährende Ankunft!

An meiner Grabstatt wird dir
der Fürst des Lachens erscheinen
und er wird für dich tanzen!
Bring deine Trommel mit,
denn wenn du mit Gott feierst,
gibt es keinen Raum für Trauer!"

QUELLENVERZEICHNIS

Zitat Shams von Täbriz, Me & Rumi,
William C. Chittick, Fons Vitae, S. 196
Durchwachte Nacht, The Essential Rumi, S. 85
Der Quell, The Soul of Rumi, S. 225
Ein friedliches Gesicht, We are three, S. 18
Ich ging zum Arzt, We are three, S. 65
Ständiges Gespräch, The Essential Rumi, S. 95
Der Weg, der sich bewegt wie Du, The Soul of Rumi, S. 226
Die Straße nach Haus, The Soul of Rumi, S. 170
Der Wundermarkt, The Essential Rumi, S. 153
Ein Fußboden leuchtet auf, The Soul of Rumi, S. 99
In der Minute, The Essential Rumi, S. 106
Jesus auf dem dünnen Esel, The Essential Rumi, S. 202
Lichthauch des Geistes, The Soul of Rumi, S. 209
Lass dich tragen!, The Soul of Rumi, S. 208
Lieben ohne Objekt, The Soul of Rumi, S. 169
Das Herz der Männlichkeit, The Essential Rumi, S. 115
Nicht verführt vom Abendlicht, The Soul of Rumi, S. 159
Quelle der Freude, The Soul of Rumi, S. 82
Spiegel und Gesicht, The Essential Rumi, S. 106
Keine Flagge, We are three, S. 14
Stirb, bevor du stirbst, The Soul of Rumi, S. 168
Wirrkopf-Wonne, The Soul of Rumi, S. 223
Zuflucht, The Soul of Rumi, S. 169
Jhu!!!, The Soul of Rumi, S. 136
Für Formen kein Platz, The Essential Rumi, S. 138
Epilog, Inschrift auf Rumis Sarkophag

LITERATUR AUS DEM ARBOR VERLAG

Rumi

Die Musik, die wir sind

Rumis Worte sind wie Balsam für unser Seelen.
Legen Sie diese kleine, federleichte Sammlung von
Gedichten spiritueller Tiefe auf Ihr Nachtschränk-
chen. Lesen Sie darin, schlafen Sie ruhig ein – und
Ihre Seele geht auf Reisen.

Perlen und Juwele der Dichtkunst Rumis sind
in diesem Büchlein vereint – basierend auf den
kongenialen Übersetzungen von Coleman Barks,
übertragen von Christoph Engen.

ISBN 978-3-936855-86-9

Daniel Ladinsky

Ich hörte Gott lachen

Gedichte inspiriert von Hafiz

Hafiz begibt sich mit uns auf eine Reise, in der die
Liebe alle persönlichen Begrenzungen auflöst und
uns hinführt zu einem Sein ewigen Wachsens und
Verwandelns. Seine Gedichte sind wie die Weisheit
eines lieben, vertrauten Freundes. Seine Einsicht
und sein Mitgefühl, seine subtile und ausdrucks-
starke Sprache und sein undogmatischer Freigeist
entführen uns in die Welt des Göttlichen.

Hafiz gilt als beliebtester Dichter Persiens. Seine
Gedichtsammlung „Divan" zählt zu den Klassikern
der Sufiliteratur und mystischer Poesie. Unter west-
lichen Gelehrten herrscht seit dem 19. Jahrhundert
ein regelrechter Hafiz-Kult, die Reichweite seines
Einflusses ist erstaunlich.

ISBN 978-3-86781-058-6

Online

Umfangreiche Informationen zu unseren Themen,
ausführliche Leseproben aller unserer Bücher,
einen versandkostenfreien Bestellservice und unseren
kostenlosen Newsletter. All das und mehr finden Sie
auf unserer Website.

www.arbor-verlag.de

Mehr von Rumi:

www.arbor-verlag.de/rumi